Relieve del Terreno

Las Montañas

Thomas Sheehan

Rourke Educational Media
rourkeeducationalmedia.com

I0889991

©2014 Rourke Educational Media

All rights reserved. No part of this book may be reproduced or used in any form or by any means, electronic or mechanical, including photocopying, recording, or by any information storage and retrieval system without permission in writing from the publisher.

www.rourkeeducationalmedia.com

Photo Credits: Pg4 © Tony Campbell; Pg5 © Christopher J. Scott; Pg6 © Piotr Przeszlo; Pg6 © Hu Xiao Fang; Pg6 © lanny19; Pg7 © NASA; Pg7 © NASA; Pg9 © Laura Lohrman Moore; Pg10 © USGS; Pg10 © USGS; Pg11 © Peter von Bucher; Pg12/13 © Marcy J. Levinson; Pg14 © USGS; Pg15 © USGS; Pg15 © Andy Z.; Pg16 © Beth Whitcomb; Pg16 © Igor Smichkov; Pg17 © Jason McCartney; Pg17 © Vasca; Pg18 © Ilyas Kalimullin; Pg19 © Stan Shebs; Pg21 © Paul B. Moore; Pg21 © Jakez; Pg21 © Gary & Sandy Wales; Pg22 © Bob Hosea; Pg22 © Mike Norton; Pg22 © Robyn Mackenzie; Pg23 © Andrew F. Kazmierski; Pg23 © Bruce Works; Pg23 © Joe Gough; Pg23 © Vadim Ponomarenko; Pg24 © Christophe Testi; Pg25 © Brandon Smith; Pg26 © Rafa Irusta; Pg26 © Ana Vasileva; Pg27 © James E. Knopf; Pg. 30 Illustration by Erik Courtney;

Design and Production - Blue Door Publishing;
bdpublishing.com
Editorial/Production Services in Spanish
by Cambridge BrickHouse Inc.
www.cambridgebh.com

Sheehan, Thomas F.
Las montañas / Thomas F. Sheehan.
ISBN 978-1-62717-317-9 (soft cover - Spanish)
ISBN 978-1-62717-511-1 (e-Book - Spanish)
ISBN 978-1-60044-708-2 (soft cover - English)

Also Available as:
ROURKE'S e-Books

Rourke Educational Media
Printed in the United States of America,
North Mankato, Minnesota

Rourke Educational Media
rourkeeducationalmedia.com
customerservice@rourkeeducationalmedia.com • PO Box 643328 Vero Beach, Florida 32964

Contenido

¿Qué sabes sobre las cordilleras?

Vamos a explorar las montañas y sierras de los Estados Unidos. Si vives en las montañas o cerca de ellas, tú, tu familia y tus amigos han estado disfrutándolas por años, probablemente.

¿Qué? ¿No vives cerca de las montañas? Entonces tal vez hayas visitado alguna o viajado a través de ellas en tu camino a otra parte.

Este camino lleva a las montañas Teton, en Wyoming. Estas montañas fueron empujadas fuera de la tierra hace más de un millón años.

¿Sabes que una montaña es una parte elevada de la corteza terrestre? Las montañas a menudo existen en grupos o cadenas montañosas. Las cordilleras están separadas de otras cordilleras por las praderas de pastizales más bajas y más planas.

Primavera en las montañas Wasatch

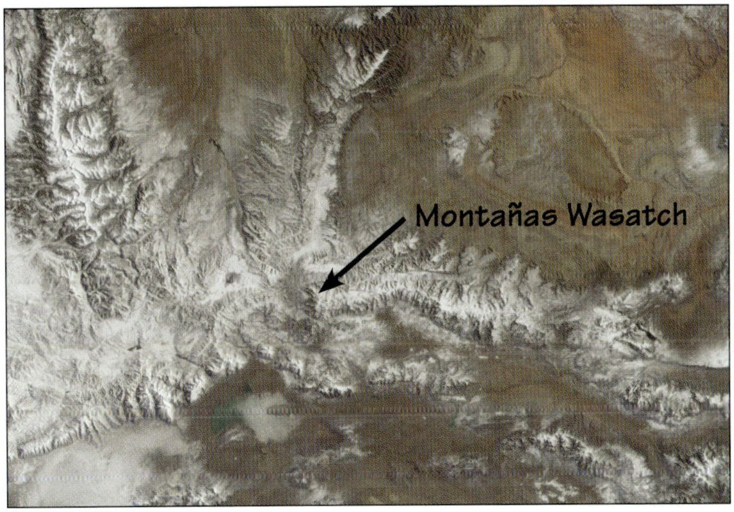

Imagen **satelital** de las montañas nevadas Wasatch

Tal vez sabes los nombres de algunas de las cadenas montañosas dc los Estados Unidos. ¿Cómo obtuvicron cstas montañas sus nombres? Puedes encontrar nombres de montaña como Pocono, Taconic, Wenatchee y Wasatch. Estos son los nombres que les dieron los americanos nativos a las montaña. En los últimos 500 años, españoles, franceses, británicos y otras personas exploraron y se asentaron en América del Norte. Ellos también llamaron a las montañas por nombres en sus idiomas.

Los españoles, que se asentaron en California y al sudoeste de los Estados Unidos, utilizaron los nombres de sus santos; San o Santas. Puedes encontrar las montañas de San Gabriel y Santa Ana en California.

Las montañas Rocosas

Los colonos británicos nombraron las montañas Berkshire de Massachusetts y las montañas Cumberland de Kentucky, Virginia y Tennessee.

Las montañas Catskill, de Nueva York, fueron nombradas por los colonos holandeses. Las montañas Rocosas en el oeste deben su nombre a que, vistas desde el este, parecen una gran masa rocosa. Muchas montañas tienen nombres que las describen.

Las montañas Blancas

Las montañas Blue Ridge

¿Puedes adivinar cómo las montañas Blancas de California y las Blue (azul) Ridge del este de Estados Unidos obtuvieron su nombre?

Cordilleras de Estados Unidos

Mapa topográfico

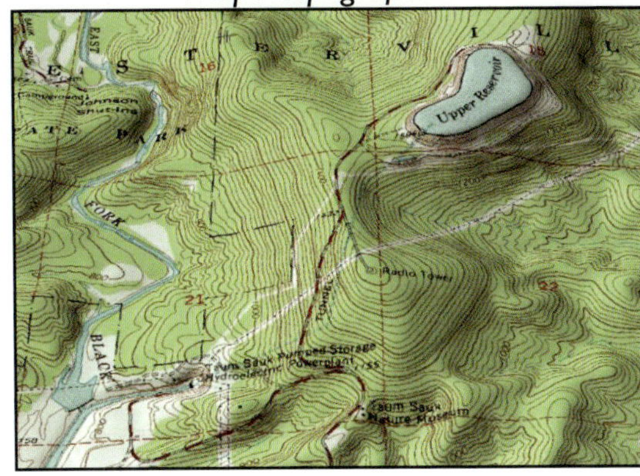

¿Has visto un mapa ***topográfico*** de los Estados Unidos? Si lo has visto, ¿notaste que las montañas a menudo están agrupadas? Estos grupos son conocidos como cadenas montañosas o cordilleras. Puedes encontrar una lista de ellas en internet o en la página 29 de este libro.

Las dos cordilleras más grandes de los Estados Unidos son los Apalaches, en el este de Estados Unidos y las montañas Rocosas en el oeste. La cordillera de los Apalaches es una cadena de montañas que va desde Alabama a Canadá. Las montañas Rocosas en el oeste son una amplia cordillera y cubre muchos estados.

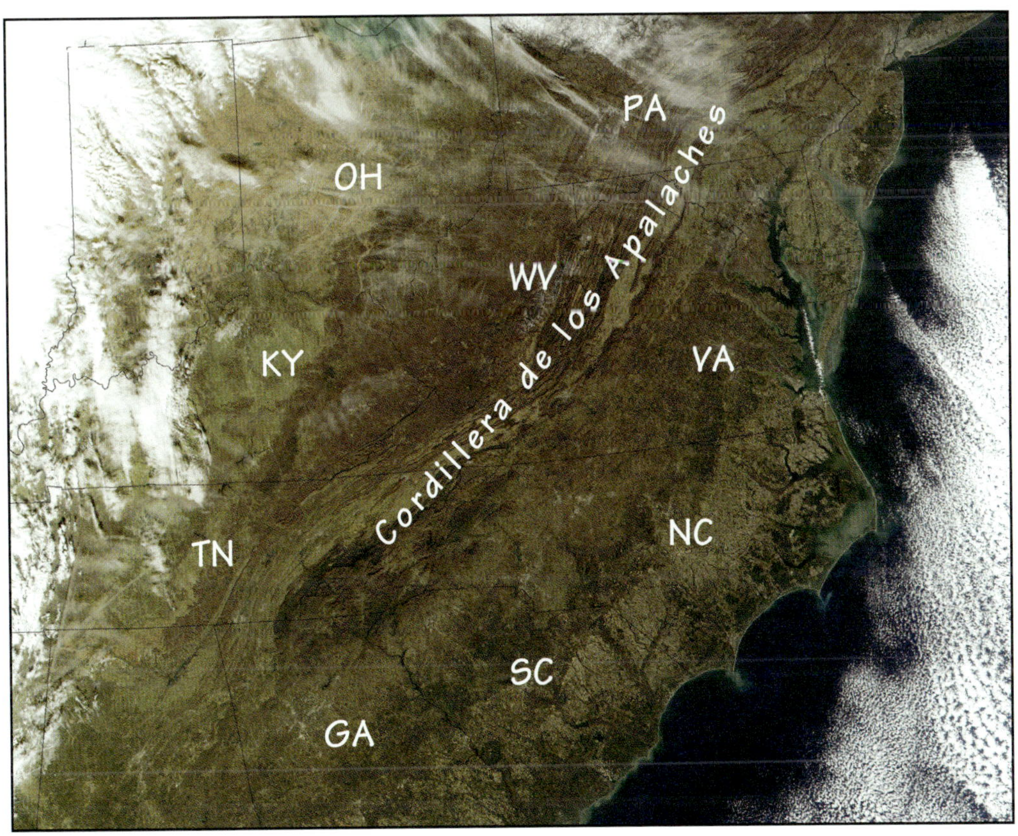

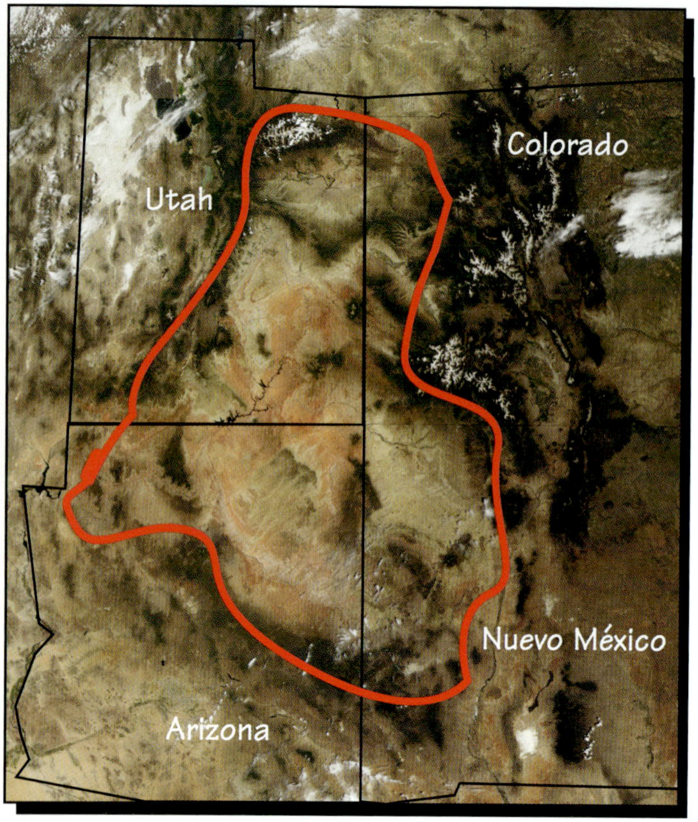

*Vista desde el espacio, la **meseta** de Colorado se ve claramente como se extiende y cubre parte de cuatro estados de EE. UU.*

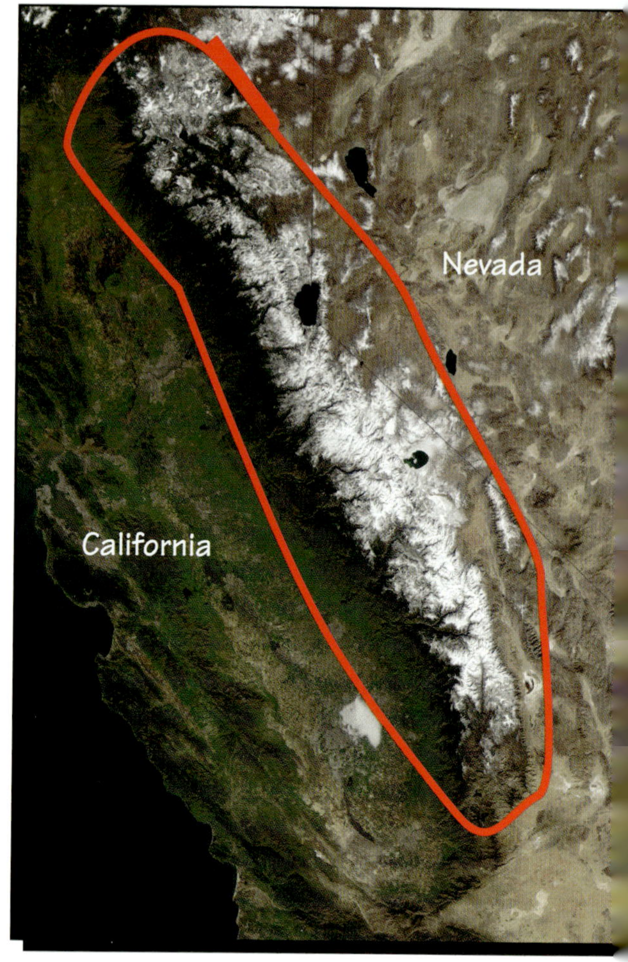

La Sierra Nevada es casi del mismo largo que California. Estas montañas también son conocidas como montañas de Sierra Alta.

Otras cadenas montañosas pequeñas se encuentran dispersadas en los Estados Unidos y América del Norte. La meseta de Colorado se extiende más de 450 millas (724 km), cubriendo partes de Colorado, Arizona, Utah y Nuevo México.

Las cordilleras costeras se extienden al norte y al sur a lo largo de la costa oeste de Washington hasta el sur de California.

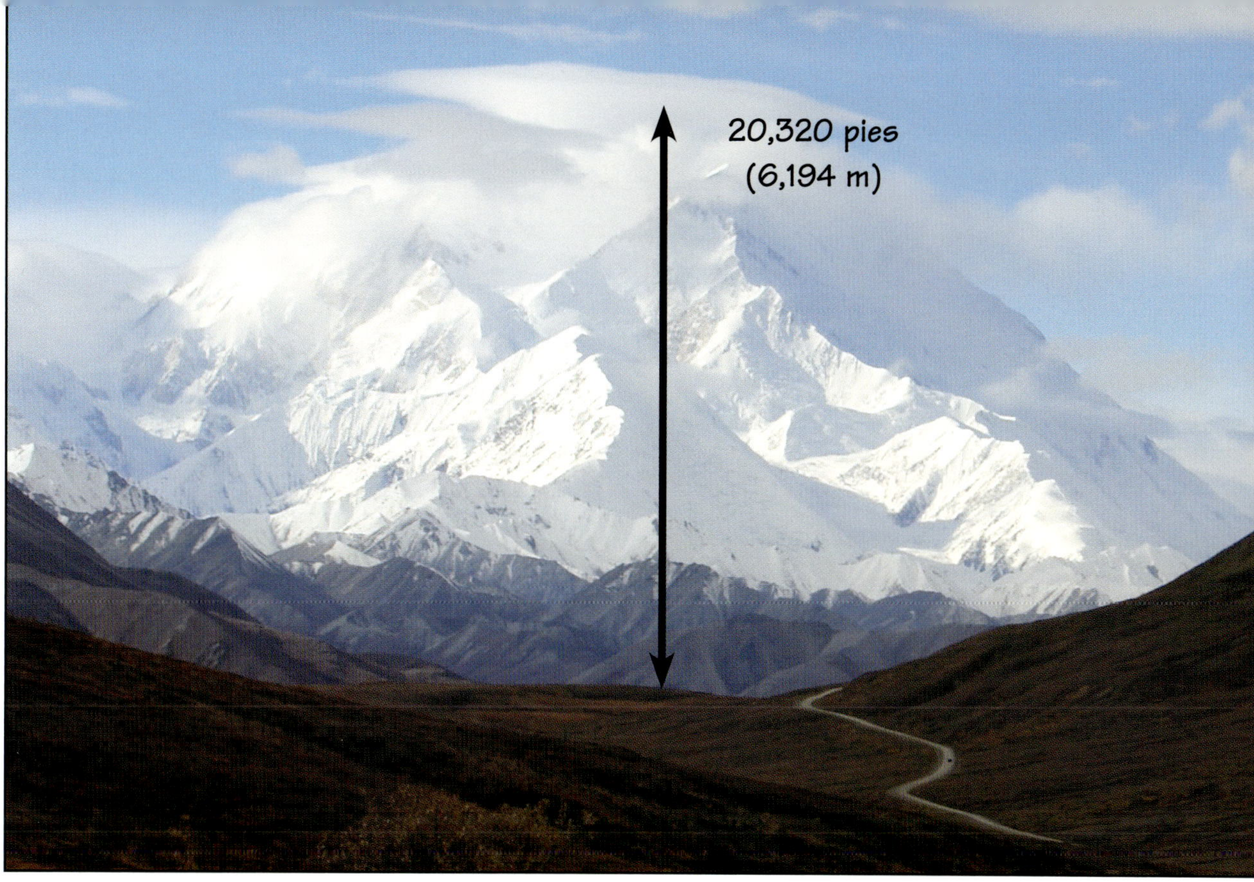

El monte Denali tiene 20,320 pies (6,194 m) de altura. Si las escaleras de tu casa tuvieran 8 pies (2.44 m) de altura, tendrías que subirlas 2,537 veces para llegar a la misma altura que el monte Denali.

¿Puedes adivinar dónde se encuentra la cordillera de Alaska?

La montaña Denali está en la cordillera de Alaska. Es la montaña más alta de América del Norte. ¿Cuánto mide? Mira la foto de Denali. ¿Puedes hallar su elevación? Tiene casi cuatro kilómetros de arriba hasta abajo. ¿Alguna vez has caminado o corrido cuatro millas? ¿Te imaginas subir tan alto?

¿Has oído sobre una montaña que explotó? El monte Santa Elena es un volcán que estalló el 18 de mayo de 1980. Las montañas volcánicas, como el monte Santa Elena, a menudo entran en erupción.

Santa Elena es una de varias montañas volcánicas en la cordillera de las Cascadas. Esta cordillera está en el estado de Washington.

El monte Santa Elena, ubicado en el estado de Washington, explotó con tanta fuerza que tiró cenizas y rocas a varias millas de distancia.

Monte Santa Elena, 1980, antes de la erupción

Monte Santa Elena, 1982, después de la erupción

Vista satelital del monte Santa Elena

Las montañas también se presentan en una línea irregular o desigual a lo largo de la frontera norte de los EE. UU., desde Nueva York a Minnesota. Son parte del Escudo Canadiense. Esta cordillera se extiende hasta Quebec, Groenlandia, Ontario y los Territorios del Noroeste de Canadá.

El Adirondack, cadena montañosa del norte del estado de Nueva York, es también parte de la formación rocosa del Escudo Canadiense. En la cordillera Adirondack hay unas 100 montañas. La más alta es el monte Marcy, que tiene 5,344 pies (1,629 m) de altura. Mucha gente visita las Adirondack porque están cerca de muchas de las grandes ciudades de la región oriental de los Estados Unidos. ¿Vives cerca de las Adirondack?

Las montañas Adirondack de Nueva York

¿Has visto el monte Rushmore? Está en la cordillera Black Hills al oeste de Dakota del Sur. Los rostros de cuatro presidentes de Estados Unidos están tallados en la roca de granito de la montaña. En 1927, se esculpieron los rostros utilizando dinamita y martillos neumáticos, bajo la dirección de un hombre llamado a Gutson Borglum. Después de morir, en 1941, el proyecto fue continuado por su hijo.

El conocido Memorial Nacional Monte Rushmore, está localizado en la parte occidental de Dakota del Sur.

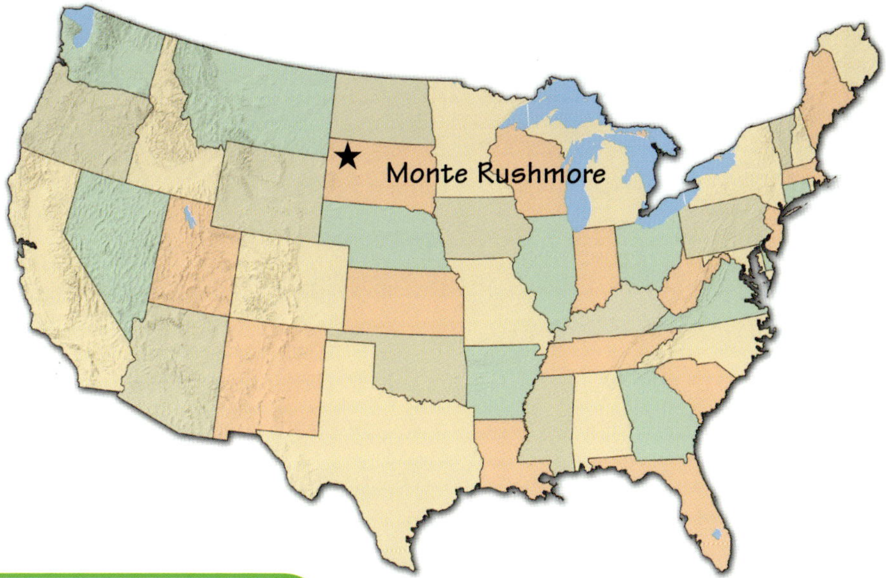

¿Puedes decir los nombres de los cuatro presidentes cuyos rostros fueron esculpidos en esta montaña?

¿Cómo se forman las montañas?

¿Cómo se forman las montañas y cordilleras? Los **geólogos**, científicos que estudian las rocas y las montañas, dicen que algo como esto sucede:
La superficie de la Tierra, o corteza, está compuesta por capas de arena y roca que pueden moverse. Cuando la lava o roca líquida, es forzada a subir desde muy por debajo de la superficie, la corteza se eleva en algunos lugares y se hunde en otros.

El volcán Cleveland, de Alaska, hizo erupción en 2006.

Las secciones de la corteza superficial de la Tierra, llamadas placas tectónicas, se mueven muy lentamente. Si chocan unas con otras, pueden apilarse y formar cordilleras.

Las cordilleras costeras de California, Oregón y Washington se formaron por la colisión de dos placas. Una, llamada la Placa Gorda chocó y se fue por debajo de otra, la Placa Norteamericana.

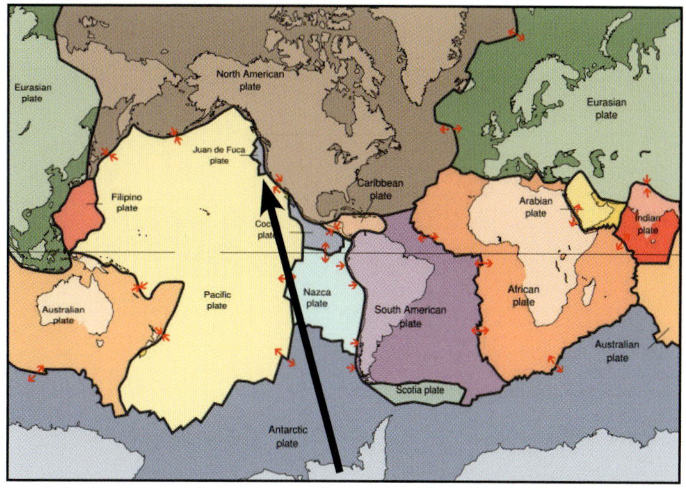

Límite entre las placas Juan de Fuca y Gorda Plate

Las montañas costeras fueron creadas por la fuerza de la colisión que hizo elevarse los bordes de la Placa Norteamericana, hace millones de años. Desde entonces, la erosión por el viento, el agua y la actividad volcánica han formado las montañas que vemos hoy. Los terremotos y desprendimientos que todavía ocurren nos dicen que estas montañas aún están cambiando.

El extremo occidental de una cordillera costera llega al océano.

La cordillera de los Apalaches es mucho mayor que la mayoría de las otras cordilleras estadounidenses. Se ha levantado y erosionado una y otra vez. Los Apalaches han sido cubiertos varias veces por el hielo de los glaciares.

Los glaciares rasparon y cambiaron de forma a las montañas muchas veces. Esto las hizo más suaves y más redondeadas que las montañas más jóvenes, como las montañas Rocosas.

Los altísimos y escarpados picos de la cordillera de las montañas Rocosas

Los picos lisos y redondeados de los Apalaches

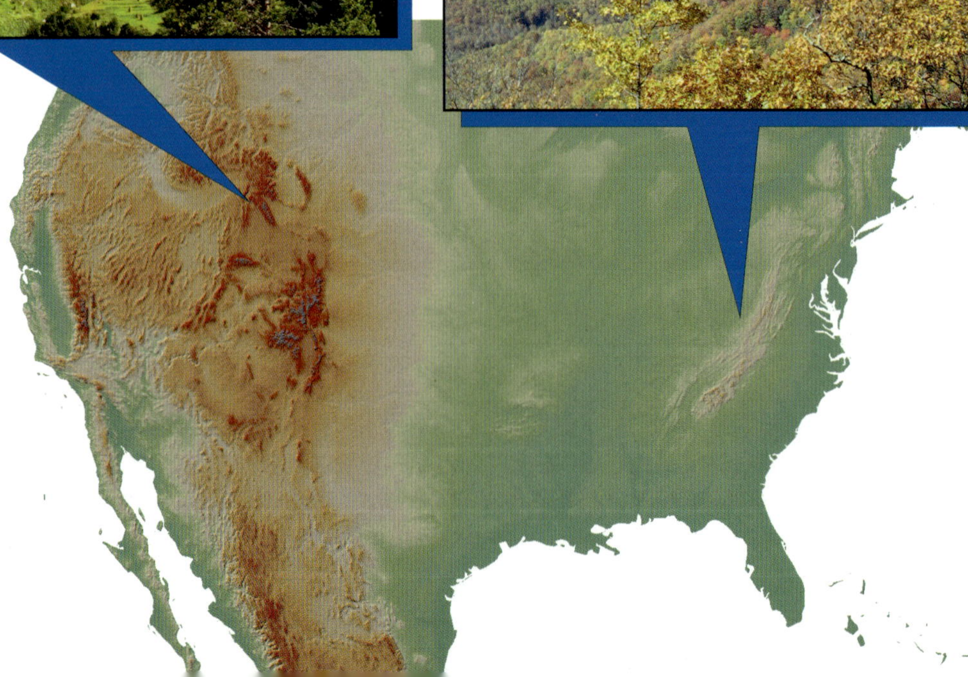

Chorro de lava de 30 pies de altura saliendo de una grieta

Debajo de las placas tectónicas sólidas de la Tierra hay roca fundida, o líquida, llamada magma. Esta sale a través de grietas en la corteza debilitada, en forma de lava. Los volcanes son el resultado de este proceso.

Las islas hawaianas son islas de montañas volcánicas que están creciendo y cambiando continuamente. Si alguna vez visitas Hawai, estarás en el tope de los grandes volcanes que forman las islas.

Ecosistemas montañosos

Una ardilla come nueces que cayeron de un árbol.

¿Sabías que las plantas y animales que viven juntos en un lugar son parte de un ***ecosistema***? Cada uno de los seres vivientes dependen del suelo, el aire, el agua, la luz del sol y el clima que componen ese lugar. Si alguna de esas cosas cambia, puede que las plantas y los animales no sean capaces de sobrevivir.

Los animales usan las plantas como alimento. Algunas plantas necesitan de los animales para esparcir el polen que las ayuda a hacer semillas. Otras plantas necesitan a los animales para transportar sus semillas o para que las entierren en la tierra, donde pueden crecer.

En un ecosistema las plantas y los animales dependen mutuamente para sobrevivir. Decimos que son interdependientes.

Puede haber varios ecosistemas en una montaña debido a que las condiciones del suelo, aire, agua, luz del sol y el clima, cambian al subir la ladera de la montaña.

Las temperaturas bajan a medida que subes.

En las ***cumbres*** de algunas montañas altas pueden existir condiciones árticas. Por encima de la ***línea de árboles***, puede ser demasiado frío y ventoso para que todas las plantas puedan crecer.

¿Puedes nombrar la cordillera más grande del este de los Estados Unidos?
Mira la página 29 como ayuda para responder.

Esta fotografía satelital muestra claramente la selva húmeda y el clima en el lado occidental de la línea montañosa.

En los Estados Unidos, las tres cordilleras mayores se extienden hacia el norte y hacia el sur. Cuando el aire cálido y húmedo de los vientos del oeste sopla a través de ellas, se eleva. Como el aire se eleva por la ladera occidental, esta se enfría y pierde su humedad en forma de lluvia, y a medida que el aire se enfría, se convierte en nieve. La nieve caerá generalmente en la ***vertiente*** oriental de la montaña.

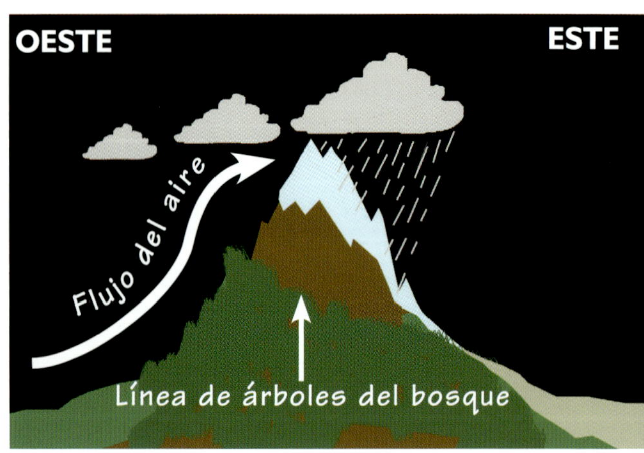

Al moverse hacia arriba por la montaña, el aire crea humedad que después cae como lluvia o nieve mientras pasa sobre la línea montañosa.

El cacto Saguaro crece en la parte seca de muchas cordilleras.

Una marmota echa un vistazo fuera de su madriguera.

Cuando la misma masa de aire se desplaza hacia abajo por la ladera oriental, no le queda mucha humedad. Las precipitaciones son escasas. La *vertiente* oriental de las montañas Rocosas presenta ecosistemas desérticos muy secos. Aquí, las plantas conservadoras de agua como los cactos y las artemisas brindan refugio y alimento a los animales del desierto. Las aves, lagartijas, serpientes, ratones y otras criaturas evitan el calor seco del día escondiéndose en madrigueras. Ellos salen durante el frío de la noche a cazar para obtener alimentos.

Miles de árboles son cortados en EE. UU a diario; son usados para hacer papel, muebles y casas.

Las zonas de montaña despejadas de árboles se llaman cortes claros.

Las montañas y las personas

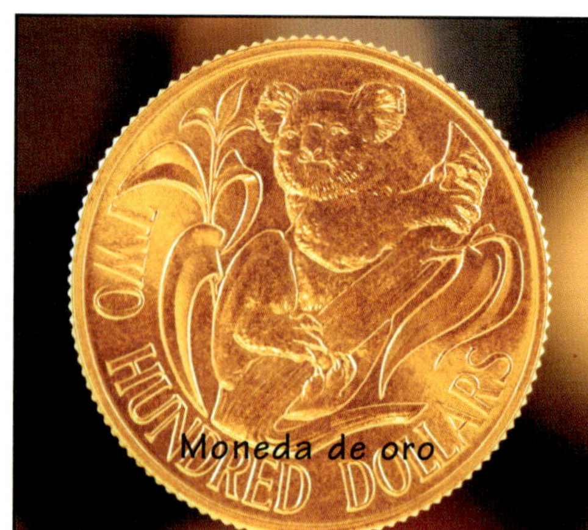

Moneda de oro

Tú eres parte de la historia de personas que utilizan las montañas. ¿Sabías que el papel de este libro puede provenir de los árboles que crecen en laderas de montañas? ¿Llevas un reloj, pulsera o collar que contiene oro o plata?

Durante miles de años, las personas han utilizado el oro suave y brillante y la plata para hacer objetos bellos. En un tiempo, las monedas fueron hechas del oro y la plata extraídos de las montañas.

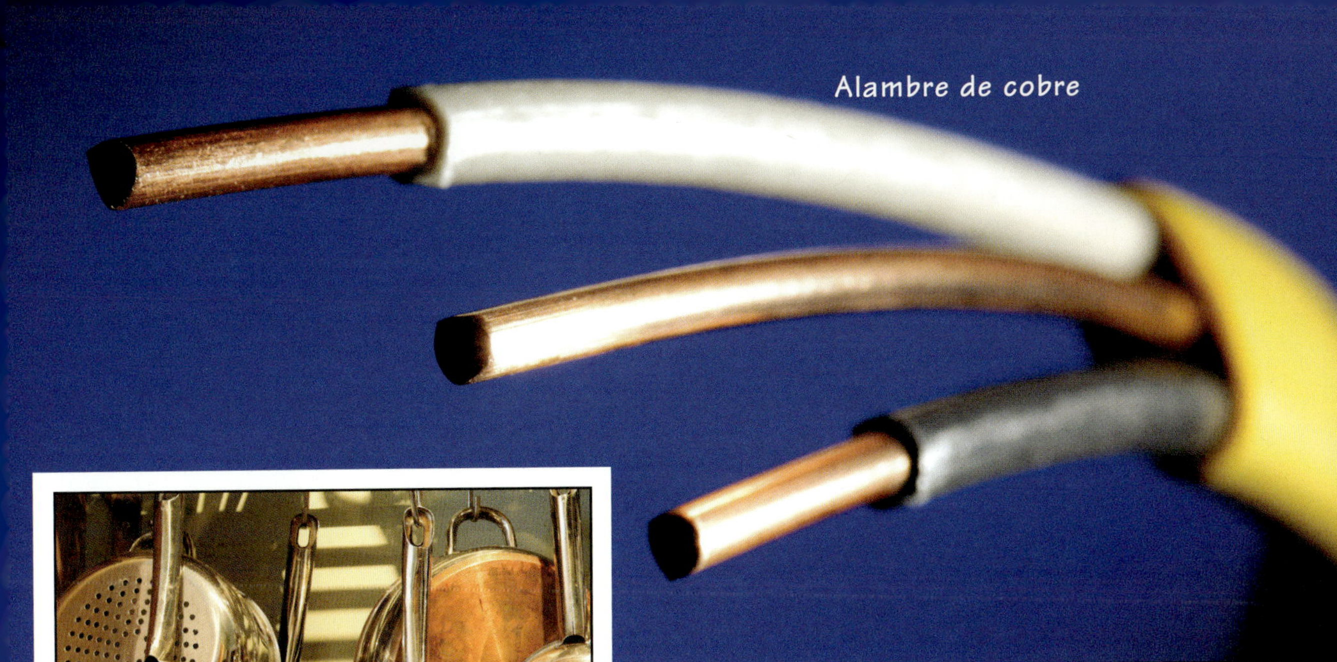

Alambre de cobre

Cazuelas de cobre

Usamos el cobre cada día. El cobre es un metal que se encuentra en el suelo, bajo muchas montañas. Los alambres de cobre llevan la electricidad cuando enciendes una luz, cocinas sopa en una estufa eléctrica, o usas una computadora. ¿Estás usando cobre ahora?

Enormes excavadoras llenan los camiones gigantes que llevan el material a las plantas de procesamiento, donde el cobre se obtiene por fundición. Lo que queda son montículos de material llamados relaves, humo tóxico y tierra árida. El costo de limpiar todo esto hace que el cobre cueste mucho.

La gente también descubrió que los cristales brillantes y coloridos pueden encontrarse en el suelo de algunas montañas. Muchos exploradores han encontrado hermosas piedras preciosas como diamantes y rubíes en los arroyos que discurren por las laderas. Muchos de estos minerales se extraen en las montañas.

Las personas van a las cadenas montañosas por muchas razones. Cuando subes una montaña, ves paisajes y sientes olores inusuales. El aire de las montañas es fresco y el olor de los bosques es agradable. Puedes disfrutar mirando un largo camino hacia abajo en la tierra.

Un gran número de personas usan las montañas para la recreación. Los excursionistas utilizan senderos de montaña para hacer ejercicios y disfrutar del paisaje. Los esquiadores utilizan las laderas cubiertas de nieve. Las familias también construyen cabañas, campamentos y casas allí.

Hacer una acampada con tiendas de campaña en la montaña es una manera de estar en contacto directo con la naturaleza.

La gente usa las montañas para explotar sus recursos naturales. Los leñadores obtienen madera de los bosques. Los mineros buscan y excavan minerales en las rocas de la montaña. Todos estos usos afectan nuestras montañas.

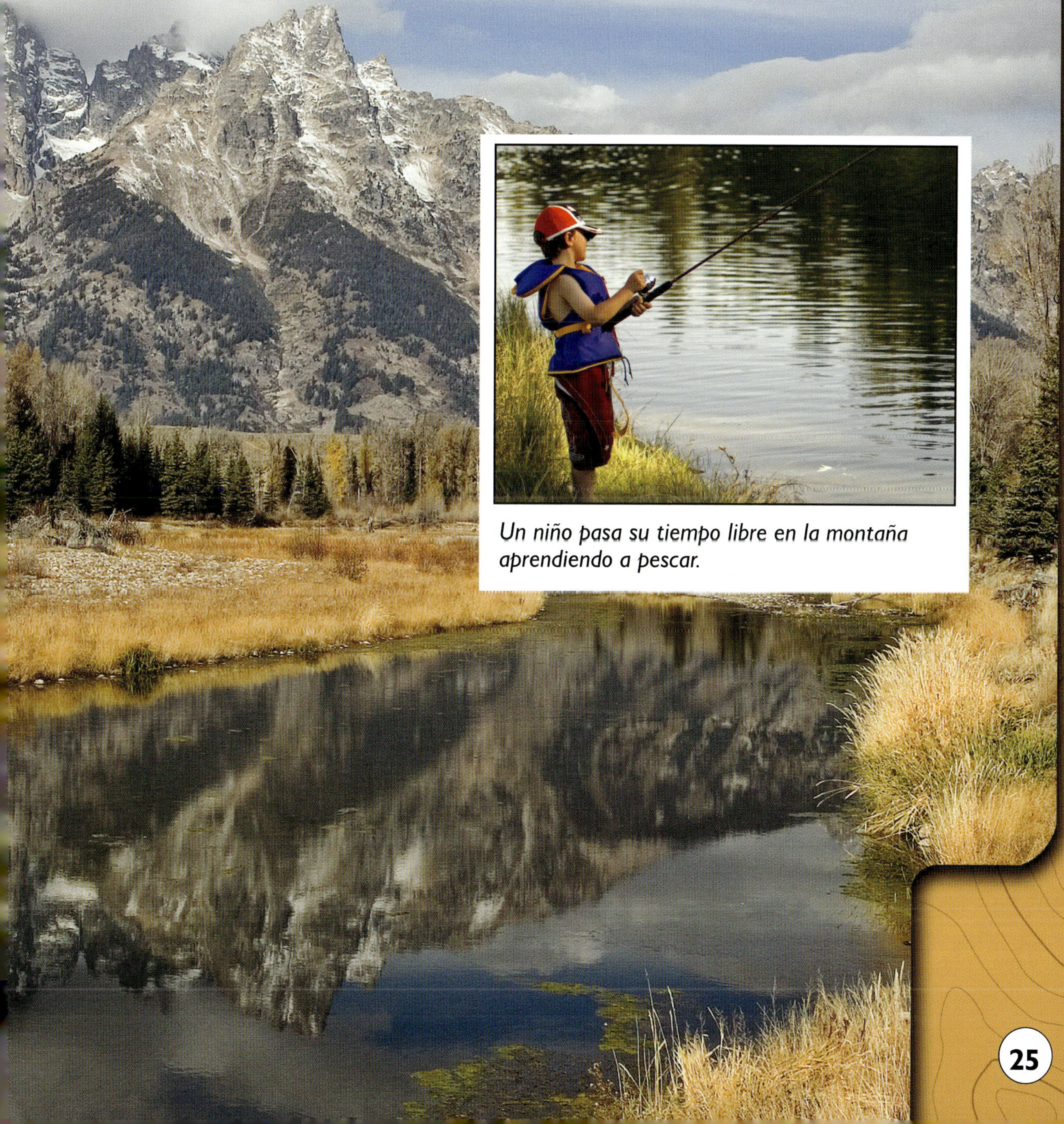

Un niño pasa su tiempo libre en la montaña aprendiendo a pescar.

¿Cómo proteger las montañas?

Las carreteras y la construcción de casas, el tráfico de vehículos y de personas a pie, y otras actividades humanas pueden cambiar las montañas de forma dañina y perjudicial. Las actividades de tala indiscriminada y minería en las laderas de las montañas pueden causar que la lluvia y la nieve se escurran y erosionen el suelo. Los animales y las plantas pueden morir cuando se altera su ecosistema.

Cuando demasiada gente usa una montaña, su basura y las aguas residuales pueden estropearla. Las montañas pueden llegar a ponerse feas e inútiles. Todo esto significa que tenemos que tener cuidado en cómo y cuánto utilizamos las montañas.

¿Quieres visitar un parque nacional en las montañas y terminar atrapado en un atasco de tráfico? Cada año, millones de estadounidenses visitan nuestros parques nacionales. Hay unas vistas espectaculares de los océanos, ríos, montañas y monumentos. Son lugares hermosos. Pero no cuando estás atascado en el tráfico, respirando humos de combustión.

Las montañas están siendo despojadas de sus árboles en todo el mundo.

Hoy en día, voluntarios y profesionales están encontrando nuevas maneras de proteger nuestras montañas. Si mantenemos los coches fuera de las montañas, tendremos menos contaminación por los humos de combustión. Si la gente recoge sus desechos, tendremos menos basura contaminando nuestros ríos. La gente puede causar problemas cuando usa las montañas, pero también puede resolverlos.

¿Puedes ayudar a resolver estos problemas?

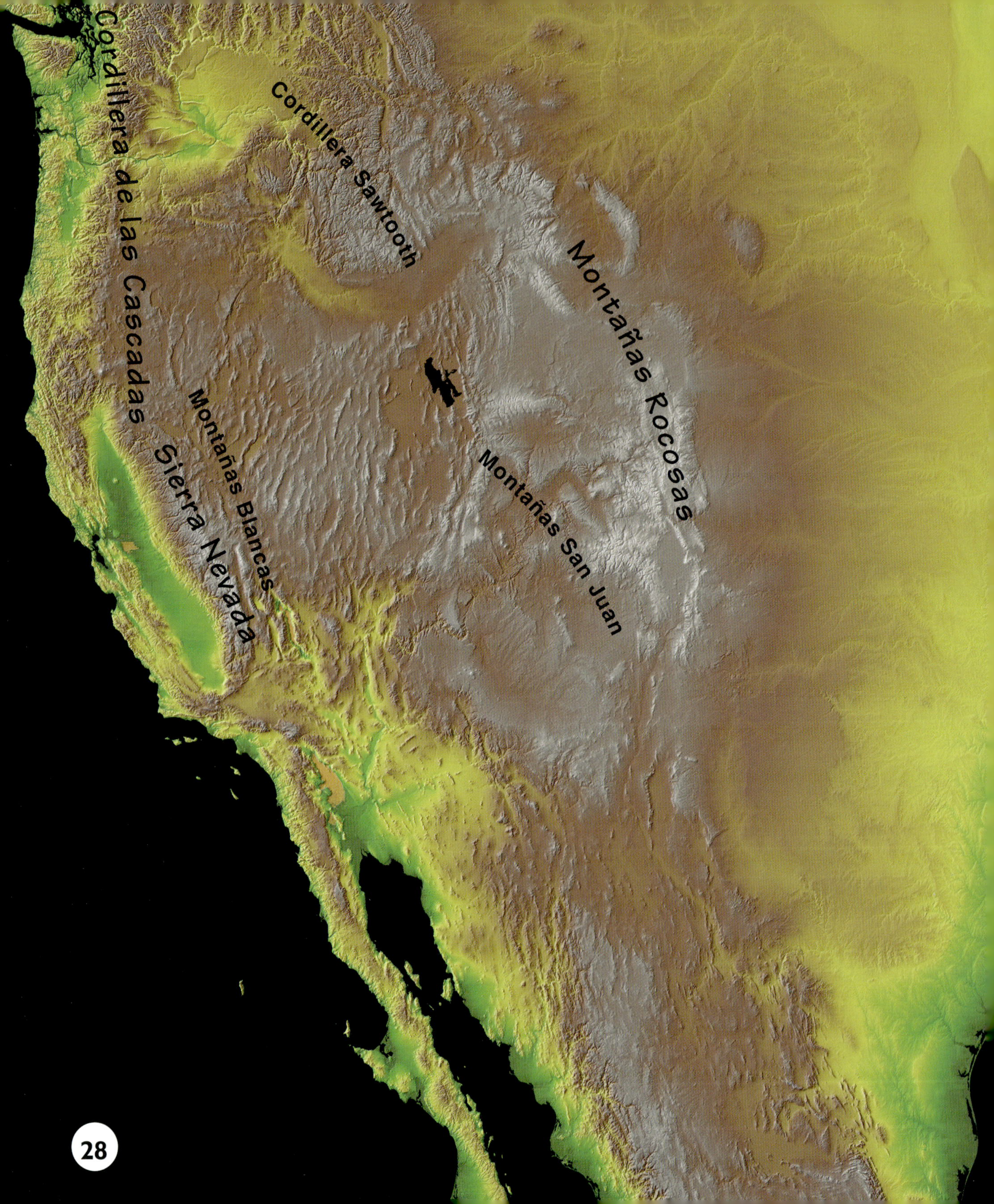
Cordillera de las Cascadas
Cordillera Sawtooth
Montañas Rocosas
Montañas Blancas
Sierra Nevada
Montañas San Juan

Meseta de Ozark
Montañas de Boston
Coordillera de los Apalaches
Montañas Azules
Montañas Adirondack
Montañas Verdes
Montañas Blancas

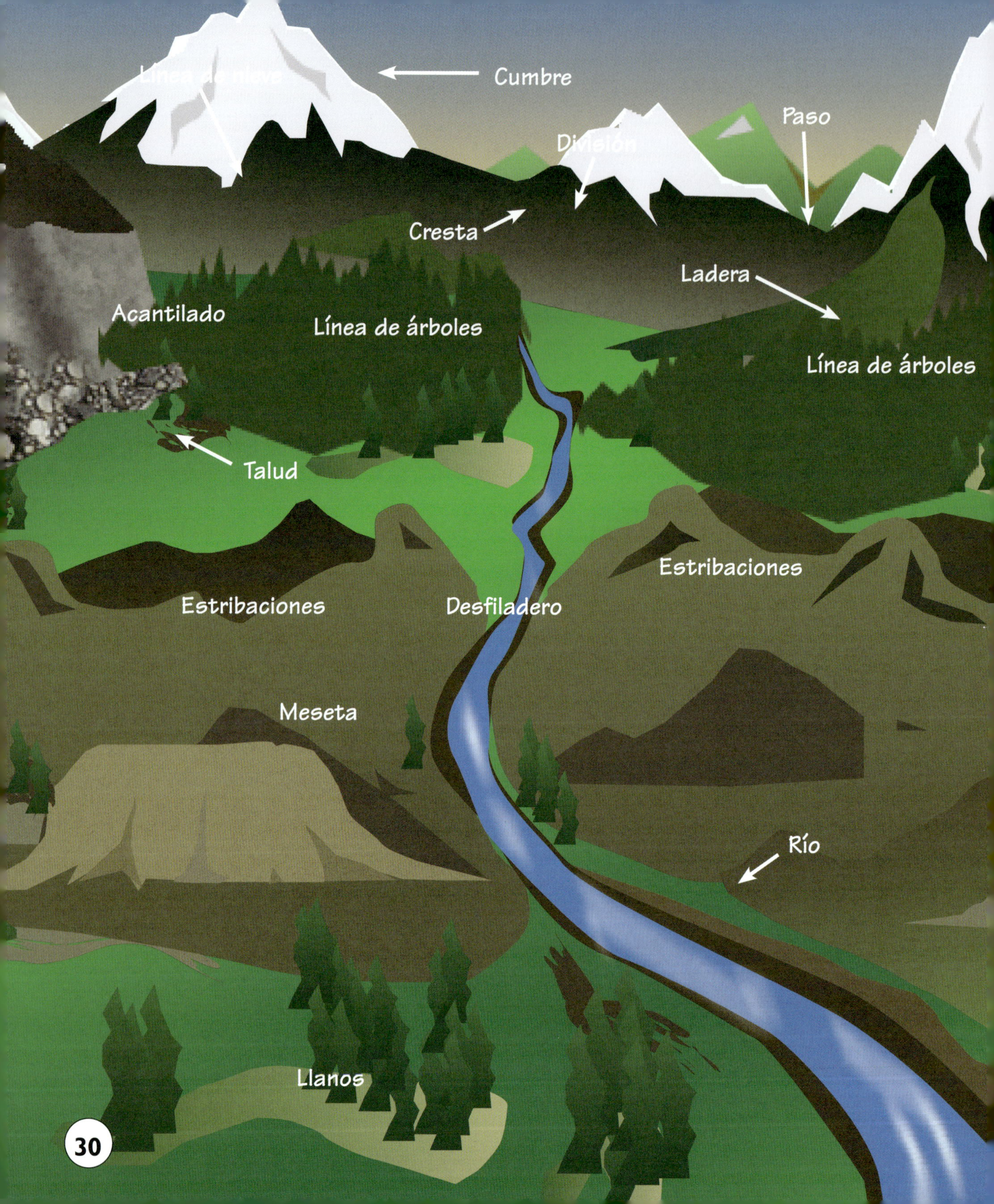
Línea de nieve
Cumbre
Paso
División
Cresta
Ladera
Acantilado
Línea de árboles
Línea de árboles
Talud
Estribaciones
Desfiladero
Estribaciones
Meseta
Río
Llanos

Glosario

acantilado — parte agreste de una roca

cresta — sección larga y estrecha de una montaña que tiene laderas a ambos lados

cumbre — punto más elevado de una montaña

desfiladero — paso estrecho y profundo labrado en la roca

división — división en la montaña que hace que el agua fluya en direcciones opuestas

ecosistema — comunidad biológica de plantas y animales

estribaciones — colinas pequeñas localizadas en la base de una montaña

geólogo — científico que estudia la Tierra

ladera —área inclinada de una montaña o colina

línea de árboles — punto más elevado de una montaña donde crecen árboles

línea de nieve — frontera que indica cuál es la parte más baja de la montaña donde nieva

llanos — área plana de vista despejada

meseta — área alta y plana

paso — área que la gente usa para pasar entre montañas

río — corriente de agua larga que va hasta el océano

satelital — imagen de un aparato puesto en órbita utilizado para hacer fotos y monitorear la Tierra

talud — grupo de rocas en el fondo de un acantilado

topográfico — descripción detallada, de las características de una región

Índice

Más lectura

Tocci, Salvatore. *Alpine Tundra.* Watts Library, 2005.
Nadeau, Isaac. *Mountains.* Powerkids Press, 2006.
Royston, Angela. *Mountains.* Heinemann, 2005.

Sitios de la internet

www.edu.pe.ca/southernkings/mountainmm.htm
42explore.com/mountain.htm
www.factmonster.com/ce6/us/A0842189.html

Sobre el autor

Thomas Sheehan vive, respira y enseña ciencias en Maine. Él le agradece a los departamentos de inglés de la Universidad de Cornell y SUNY el haber despertado su interés por la buena escritura; a E. B. White, los elementos de estilo para suavizar las arrugas de su lenguaje y a los editores de The Bangor Daily News, por la disciplina.